LACHEN MIT FIPS ASMUSSEN

Nur vom Feinsten

MOEWIG

Originalausgabe

Umschlagentwurf und -gestaltung:
Werbeagentur Zeuner, Ettlingen
Umschlagfoto: BMG Ariola Miller GmbH, Quickborn
Umschlagillustration: Bernhard Zerwann
Printed in Germany 1995
Druck und Bindung: Elsnerdruck, Berlin
ISBN 3-8118-7383-0 (60er-Kassette)

Herr Doktor", seufzte die Patientin, „ich habe Komplexe wegen meiner großen Oberweite, wissen Sie...!"
„Hm", brummt der Arzt, „ich werde die Sache in die Hand nehmen!"

Das Brautpaar ist endlich allein. Er geht in das Schlafzimmer, zieht sich aus und wartet. Endlich erscheint seine junge Frau – eine Platte voll belegter Brote in der Hand. Er starrt sie fragend an.
„Das brauche ich, Gustav, ich habe nachher immer Hunger!"

Reporter: „Wie viele Ehemänner haben Sie gehabt?"
Filmstar: „Meinen Sie meine eigenen...?"

Katinka: „Ich liebe Serge...!"
Ninotschka: „Ich nicht, ich laß mich verbrennen, wenn ich gestorben bin!"

Carl Gustaf trifft einen Freund aus Junggesellentagen. „Verheiratet sein geht ins Geld", seufzt er. „Meine Silvia verpulvert jeden Monat so ihre zweitausend Krönchen. Und was kostet dich deine Frau?" – „Überwindung."

Der junge Arzt zu seiner bildhübschen Patientin: „Machen Sie sich bitte frei!"
Die Dame zieht sich völlig aus, dann sagt sie: „Na, und was ist mit Ihnen, Herr Doktor?"

Der Personalchef tröstet einen Angestellten, der um eine Gehaltserhöhung gebeten hat: „Ich weiß, ich weiß, Herr Schmidt – mit Ihrem jetzigen Gehalt und bei den steigenden Preisen können Sie nicht heiraten, aber Sie werden mir einmal dankbar sein..."

Ein Ehemann überrascht seine Frau in den Armen eines unbekannten Mannes. Gerade will er losbrüllen, da ruft sie: „Du wirst mir hoffentlich nicht vor einem Fremden eine Szene machen wollen...?!"

Na, wie war's gestern abend? Hast du ein Mädchen kennengelernt?" – „Ein grundanständiges sogar. Beim ersten schmutzigen Witz ist es sofort aus dem Bett gesprungen!"

Mit spitzen Fingern hält die Ehefau ein Seidentuch hoch: „Gehört es nicht deiner Sekretärin?"
„Wo – wo hast du es gefunden?" – „Wieso ich? – Unser Briefträger, auf deinem Nachttisch!"

Tobt der Gast: „Herr Ober, was sind das für Tierchen, die da in meinem Salat herumhüpfen?"
„Aber, mein Herr, noch nie etwas von Vitaminen gehört?"

Ein kleines Bier", bestellt der Gast beim Kellner. „Ich warte noch auf eine Dame."
„Hell oder dunkel?"
„Was geht Sie das an?"

Frau Rösner zu ihrem Jüngsten: „Iß endlich deinen Spinat. Manches Kind wäre froh, wenn es nur halb soviel Spinat hätte."
„Ich auch, Mutti."

Rösner kommt mit Schlagseite nach Hause. „Emma, daß du mir immer widersprechen mußt", klagt er. „Ich sage guten Abend, und du sagst guten Morgen!"

Angeklagter, Sie geben also zu, den Mann in einem Geschäft niedergeschlagen zu haben. War es eine Affekthandlung?"
„Nein, Herr Richter, ein Supermarkt."

Sag mal, wie heißt eure Hündin eigentlich?"
„Ben Hur."
„Wie seid ihr denn auf diesen ausgefallenen Namen gekommen?"
„Na, erst hieß sie Ben – aber dann brachte sie plötzlich sechs Junge zur Welt!"

Ein Taxifahrer fährt einen angetrunkenen Gast. Im Rückspiegel sieht er, daß sich der Mann hastig auszieht. „Mein Herr", sagt der Taxifahrer, „dies hier ist kein Hotel!"
„Das hätten Sie mir aber gleich sagen sollen", sagt der Fahrgast verstimmt, „meine Schuhe habe ich schon vor die Tür gestellt."

Auf der Hochzeitsreise bricht ein junger Schotte eine Tafel Schokolade in drei Stücke. Ein Stück gibt er seiner Frau, das zweite ißt er selber, das dritte wickelt er wieder ein und packt es weg.
„Was ist mit dem dritten Stückchen Schokolade?" will seine Frau wissen.
„Das ist für die Kinder. Wir werden doch mal Kinder haben, nicht wahr?"

Glaubst du wirklich, daß dein Mann angeln geht, wenn er sagt, daß er zum Angeln geht?"
„Aber natürlich!"
„Wieso bist du so sicher, meine Liebe?"
„Weil er nie einen Fisch mitbringt."

Traute erzählt aufgeregt ihrer Freundin: „Was sagst du nun? – Günter ist bei mir endlich auf Tuchfühlung gegangen."
„Wieso, hast du denn dein Nachthemd anbehalten?"

Die Mutter ist stocksauer über das schlechte Zeugnis ihres Sohnes. „Am meisten ärgert mich der Vermerk, daß dein Betragen ungenügend ist", schimpft sie. „Nimm dir ein Beispiel an deinem Vater: Dem wurden wegen guter Führung zwei Jahre seiner Strafe erlassen."

Der Lehrer zum Sohn des Arztes: „Dein Vater soll wissen, was für ein frecher Bursche du bist. Ich werde ihn mal zu mir bitten."
„Tun Sie das lieber nicht, Herr Lehrer! Mein Vater berechnet pro Besuch mindestens fünfzig Mark!"

Onkel Herbert kommt ins Blumengeschäft. „Ich brauche dringend einen Gummibaum, der drei Jahre alt ist und genau dreizehn Blätter hat."
„So etwas haben wir leider nicht vorrätig, mein Herr. Aber hier haben wir eine wunderschöne Zimmerlinde, zwei Jahre alt."
„Das nützt doch gar nichts. – Wissen Sie: Ich habe nämlich meiner Frau versprochen, den Gummibaum regelmäßig zu gießen, und morgen kommt sie aus der Kur zurück."

Auf dem New Yorker Friedhof stehen drei Grabsteine. Die Inschriften lauten: „Hier ruht McCohn. Er starb im Vollbesitz seiner Zähne, denn er benutzte täglich Star-Zahnpasta.“ „Hier ruht J. Miller. Er starb im Vollbesitz seiner Haare, denn er benutzte täglich Star-Haarwasser.“ „Hier ruht keiner! Hier kann auch gar keiner ruhen, denn seine Mutter nahm regelmäßig Star-Antibabypillen.“

Ein leichtes Mädchen ruft einem langsam vorbeigehenden Mann „Na Kleiner!“ zu.
„Was heißt denn Kleiner?“ grinst er. „Kannste durch die Hosen gucken?“

Leicht nervös betrachtet der Friseur seinen Kunden: „Eine Frage, mein Herr – trugen Sie eine rote Krawatte, ehe ich Sie rasierte, oder soll ich lieber den Notarzt rufen?“

Die Lehrerin: „Also, paß auf, Dieter. Du hast 25 Mark gespart. Du gibst Margot sieben, Sabine sechs und Isabelle fünf Mark. Was hast du dann?“
„Ne dufte Orgie, Fräulein!“

Beschwert sich Frau Möller beim Elektromeister: „Seit Wochen bitte ich Sie, die Klingel zu reparieren...“
„Ich war schon dreimal bei Ihnen, Frau Möller, und ich klingle und klingle, aber keiner macht ja auf...!“

Ein Mann stürzt auf die Polizeiwache: „Bitte, kommen Sie mit mir nach Hause, ich habe meiner Frau eine Flasche über den Kopf geschlagen."
„Ist sie bewußtlos?"
„Nein, das ist es ja", jammert der Mann, „deshalb brauche ich doch Ihre Hilfe!"

Fritzchen kommt aus dem Badezimmer. „Mutti", ruft er. „Weißt du, wieviel Zahnpasta in einer Tube ist?"
„Nein, mein Junge!"
„Aber ich – fast drei Meter!"

Sagt die Ehefrau: „Ich träumte, daß ich die letzte Frau auf der Erde bin – es war ein gräßlicher Traum!"
Wundert sich der Ehemann: „Was war denn daran so gräßlich?"
„Du warst der letzte Mann!"

Trifft Herbert einen Schulfreund: „Ich hab' gehört, du hast geheiratet. Wie fühlst du dich als junger Ehemann?" „Immer jünger! Jetzt rauche ich wieder heimlich auf dem Klo!"

Jedesmal, wenn meine Frau nachts Geräusche hörte, glaubte sie, es wären Einbrecher, und weckte mich."
„Aber Einbrecher machen doch gar keinen Krach!"
„Das hab' ich ihr auch gesagt. Aber jetzt ist's noch schlimmer – jetzt weckt sie mich jedesmal, wenn sie keine Geräusche hört!"

In der Bar zur „Wilden Sau" zertrümmert Schränker Emil eine volle Flasche Whisky auf dem Schädel von Narben-Ede.
„Was soll der Unsinn?" fragt Narben-Ede. „Hast du keinen Korkenzieher?"

Zwei Seeleute unterhalten sich: „Wenn du von der See nach Hause kommst, was tust du dann als allererstes?“
„Dann liebe ich meine Frau.“
„Und was tust du als zweites?“
„Dann schmeiß’ ich meinen Seesack in die Ecke.“

Sag mal, Liebling“, fragt die Ehefrau, „wer ist Heiderose?“
„Wieso? Nichts von Bedeutung! Nur ein Pferd, auf das ich manchmal setze.“
„Nun denn, das Pferd hat vor einer Stunde bei uns angerufen!“

Mit der Brille werden Sie Ihre Mitmenschen erst richtig sehen können!“ sagt der Optiker beim Abschied. Nach acht Tagen bringt der Kunde die Brille zurück und murmelt: „Es lohnt nicht.“

Gerd, etwas impotent, versucht sein Heil in einem diesbezüglich berühmten Wallfahrtsort. Als er wieder heimkommt, geht seine Frau in froher Erwartung ins Schlafzimmer. Da er ihr nicht folgt, sucht sie ihn in der Wohnung und entdeckt ihn schließlich in einem Zimmer. Er sagt immer vor sich hin: „So mies is se doch gar nicht! So mies is se doch gar nicht!"

Ein Kurzsichtiger bei der Musterung: „Mit meinen schlechten Augen sehe ich den Feind erst auf einen Meter Entfernung."
Notiert der Stabsarzt: „Speziell für den Nahkampf geeignet."

Am FKK-Strand. Eine hübsche, junge Dame setzt sich knapp neben Müllers Brille.
„Oh, Verzeihung", sagt sie, „beinahe hätte ich mich auf Ihre Brille gesetzt."
„Macht nichts", beruhigt sie Müller, „die hat schon ganz andere Dinge gesehen."

Der schwitzende Kandidat fragt: „Können Sie mir nicht auch mal eine leichtere Frage stellen, Herr Professor?" – „Gern, wie geht es Ihren Angehörigen?"

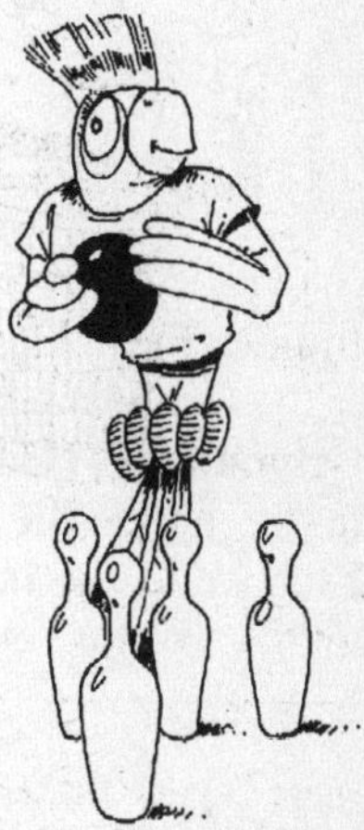

Ein galanter Vulkan fragt seine Nachbarin, einen lieblichen Hügel: „Stört es Sie, wenn ich rauche?"

Ich habe ein schlimmes Bein, Herr Doktor." – „Na, dann zeigen Sie mal her!" – Der Mann krempelt die Hose hoch, und ein ziemlich schmutziges Bein kommt zum Vorschein. „Hören Sie, hätten Sie sich nicht vorher waschen können? Ich wette, das ist das schmutzigste Bein in der ganzen Stadt." – „Wette verloren, ich zeige Ihnen jetzt das andere."

Zwei Artisten, die im Zirkus als „fliegende Menschen" auftreten, heiraten. Predigt der Pfarrer: „Möge der Herrgott immer seine schützende Hand über euch halten." – Flüstert die Braut: „Unter uns, Herr Pfarrer, unter uns."

Atemlos kommt ein Mann in die Polizeiwache: „Bitte verhaften Sie mich. Ich habe meiner Frau eine Bratpfanne über den Schädel geschlagen.“ – „Ist sie tot...?“
„Nein, im Gegenteil, sie muß gleich hier sein.“

Die Frau dieses Sportlers ist ja dick und rund wie ’ne Kugel.“
„Ja und? Ihr Mann ist ja schließlich Kugelstoßer!“

Hilfe, Herr Doktor, ich werde von Schmetterlingen verfolgt!" Der Patient beim Arzt wedelt aufgeregt mit den Armen.
„Aber doch nicht alle zu mir herüber!" protestiert entrüstet der Doktor.

Herbert und Sigi fragen beim Bauern nach Arbeit.
„Bei mir könnt ihr Rüben ziehen, für einen Morgen zahle ich 50 Mark!"
Fragt Sigi: „Und für einen Nachmittag?"

Der Vater der siebzehnjährigen Gaby aufgebracht zum jungen Mann: „Sie haben meiner Tochter die Unschuld geraubt! Was haben Sie dazu zu sagen?"
Stammelt der junge Mann: „Ich tu's nicht wieder...!"

Während des Brautseminars fragt der Pfarrer: „Wer hat in einer glücklichen Ehe die Hosen an?"
Antwort: „Keiner!"

Ein Augenarzt bekommt von einer Patientin ein riesiges Bild geschenkt. „Die hundertfache Vergrößerung meines Auges", bemerkt die Dame.
„Da bin ich nur froh, daß ich kein Frauenarzt bin!"

Die Lehrerin geht mit ihren Schulkindern zum Derby. Zwei Stunden später melden sich einige Kinder: „Wir müssen mal!" Die Lehrerin geht mit, knöpft ihnen die Hosen auf, hebt sie alle hoch, plötzlich sagt sie: „Oh, du bist aber schwer, bist du aus meiner ersten Klasse?"
„Nein, ich bin der Jockey aus dem zweiten Rennen."

Kläuschen späht durchs Schlüsselloch ins Badezimmer. „Aber Junge", sagt die Mutter, „man sieht doch nicht dem Dienstmädchen beim Baden zu."
„Ich sehe ja auch nicht dem Dienstmädchen zu", sagt der Knirps. „Ich sehe Papa zu."

Der Lehrer fragt die Erstkläßler: „Was kommt vor acht?"
„Sieben."
„Prima. Und was kommt nacht acht?"
„Die Tagesschau."

Haben Sie im Urlaub die erhoffte Ruhe gefunden?"
„Erst in der zweiten Woche. Da hatte meine Frau einen Sonnenbrand auf der Zunge!"

Vorsicht, Herr Ober, Sie haben Ihren Daumen in meiner Suppe!"
„Na, so was! Ein Glück, daß es heute Kaltschale gibt!".

Bitte verzeihen Sie, Herr Limke, aber ich habe schon drei Monate keine Miete mehr von Ihnen bekommen..."
„Gut, ich verzeihe!"

Hungrig steuert Fernfahrer Lembke die Autobahnraststätte an. Als er an der Tür liest: „Hier essen Sie wie zu Hause!", fährt er spontan weiter.

Hat's geschmeckt?" fragte die Bedienung. – „Hab' schon besser gegessen." – „Aber nicht bei uns!"

Leider alles besetzt!" sagt der Raststätten-Chef zum Fernfahrer. – „Und wenn jetzt der Bundeskanzler käme?" – „Für den hätten wir natürlich noch einen Platz." – „Dann geben Sie mir seinen, er kommt nicht!"

Schrecklich – meine Frau denkt den ganzen Tag, ich sei ein Meisterturner." – „Seien Sie froh! Meine glaubt das von mir in der Nacht."

Sind Sie schlank geworden! Hungern Sie?" – „Nein, ich treibe beim Essen Gymnastik, indem ich mit geschlossenem Mund den Kopf hin und her bewege."

Hier ist ein Mittel gegen Kopfschmerzen. Davon lösen Sie täglich drei Tabletten in etwas Wasser auf. Kommen Sie in einer Woche wieder zu mir."
„Gut, Herr Doktor. Soll ich dann die aufgelösten Tabletten mitbringen?"

Ein Mann kommt zu einem Augenarzt ins Sprechzimmer und nimmt seine Brille ab. Der Doktor fragt: „Na, was führt Sie zu mir? Ist die alte nicht mehr gut genug?"
Engegnet der Patient: „Das geht Sie doch überhaupt nichts an! Ich brauche eine neue Brille!"

Ein Gast kommt sehr verspätet zur Party. „Oh", sagt die Dame des Hauses, „das tut mir leid für Sie. Die hübschen Damen sind schon alle gegangen."
„Aber ich bitte Sie", erwidert er, „ich komme doch nicht wegen der hübschen Damen – ich komme doch Ihretwegen..."

Auf dem Kölner Hauptbahnhof spricht ein Reisender den Tünnes an: „Bitte, können Sie mir wohl sagen, wann der letzte Zug nach Hamburg fährt?" Sagt der Tünnes: „Das werden wir beide wohl nicht mehr erleben!"

Frau Rösner liest in der Zeitung: Quergestreifte Stoffe machen dick. „Na, zum Glück esse ich keine."

Der Arzt nimmt die Personalien auf. „Name?" – „Gertrud." „Zuname?" – „Jede Woche ein Pfund."

Bitte Schatz, laß uns dieses Jahr nach Mallorca fahren."
„Nein, Liebling, wir müssen an unsere Schulden denken."
„Aber das können wir doch auf Mallorca!"

Ein Mann zum Augenarzt: „Herr Doktor, ich sehe immer so kleine rote Punkte." Der Arzt verschreibt ihm eine Brille. Drei Tage später ist der Mann wieder in der Praxis. „Na, sehen Sie Ihre kleinen roten Punkte immer noch?"
„O ja, Herr Doktor, aber jetzt viel, viel größer."

Beim Drogisten: ,,Haben Sie ein Mittel gegen Sonnenstich?"
,,Haben Sie ihn schon – oder wollen Sie erst einen kriegen?"

Meine reizende Strandbekanntschaft hat mich täglich mit Sonnenöl massiert, bis ich grün und blau war."
„Grün und blau?"
„Ja, ihr Verlobter hat uns plötzlich überrascht."

Wie konntest du denn schwanger werden?"
„Ich höre ein bißchen schlecht."
„Was hat das damit zu tun?"
„Ich habe nicht gut gehört, was er eigentlich von mir wollte."

Sonnenbadende Mädchen erinnern mich an Brathähnchen", sagt Berni. „Sie werden knusprig braun, aber das Beste bleibt zart und weiß."

Der junge Mann zu seiner neuen Verlobten: „Ich muß dir etwas gestehen, Sabine: Der viele Schnaps macht dich bildschön!"
„Aber ich trinke doch gar keinen Schnaps!"
„Nein, aber ich!"

Frau Möller spricht nicht mehr mit ihrem Mann."
„Warum das?"
„Sie wollte 50 Mark für den Besuch eines Schönheitssalons."
„Und er wollte ihr die 50 Mark nicht geben?"
„Im Gegenteil – er gab ihr 500 Mark!"

Du bist ja fürchterlich zerkratzt...!"
„Ich habe um die Ehre eines Mädchens gekämpft."
„Und?"
„Sie wollte sie behalten."

Buchhändler zur Kundin: „Dieses Kochbuch kann ich Ihnen empfehlen. Es nimmt Ihnen die Hälfte der Arbeit ab."
„Fein, dann packen Sie mir zwei Exemplare ein!"

Was ist Ihr Beruf?"
„Straßenhändler."
„Interessant! Und was kostet denn so im Durchschnitt eine Straße?"

Und da war noch die Filmschauspielerin, die zu ihrer Kollegin sagte: „Ich habe ein Pech. Wenn ich einen schicken Mann kennenlerne, dann ist er entweder verheiratet, oder ich bin gerade mal wieder verheiratet!“

Sie sind zum Anbeißen süß“, sagt Karl-Heinz zur kessen Biggi. Flüstert sie:
„Kann schon sein, aber essen Sie bitte nicht mit den Fingern!“

James“, ruft der Lord seinem Chauffeur zu, „fahren Sie über ein Schlagloch. Ich möchte mir die Zigarrenasche abklopfen.“

Mylord, Sie besitzen herrliche Gemälde." – „Das bin ich meiner adeligen Herkunft schuldig." – „Und woher nehmen Sie das Geld?" – „Das bin ich meinem Kunsthändler schuldig."

James, bringen Sie mir bitte neues Eis. Dieses hier ist kalt."

Mein Hund hat mir neulich das Leben gerettet."
„Wieso?"
„Während meiner Krankheit hat er keinen Arzt an mein Bett gelassen!"

Mein Kater teilt alle meine Lebensgewohnheiten", sagt der Junggeselle. „Er frißt nur noch Mäuse aus Dosen."

Sagt die Dame: „Ich habe einen ewig bellenden Hund, einen fluchenden Papagei, eine streunende Katze und einen Ofen, der raucht – warum sollte ich da heiraten?"

Sagt die Mutter tröstend zu ihrem Jungen: „Du brauchst doch nicht zu weinen, nur weil Papa sich beim Bäumesägen verletzt hat." – „Das dachte ich auch, deshalb hab' ich zuerst auch gelacht."

Ich habe Sie gestern mit einer Dame im Wald gesehen. War das Ihre Frau?" - „Natürlich, aber sprechen Sie vor ihr lieber nicht davon."

Geflüster im Eichenhain: „Oh, Liebste, nur noch einen einzigen Kuß." – „Ja, aber beeile dich, in zwei Stunden muß ich nach Hause."

Verzeihung, mein Fräulein, wo ist das Spiel- und Vergnügungszentrum der Stadt?" – „Es steht leibhaftig vor Ihnen, mein Herr."

Gratuliere zum Großen Los bei der Hochzeitslotterie!"
„Irrtum! Es war eine glatte Niete. Ich hab' meinen Mann gewonnen."

Karin, wollen Sie meine Frau werden?"
„Nein, um Himmels willen!"
„Gut. Dann lade ich Sie ein, mit mir in Urlaub zu fahren."

Jetzt trinke ich schon den elften Schnaps, weil ich mich über meine Frau geärgert habe. Es ist einfach unglaublich, wieviel mich diese Frau kostet!"

Sie haben eben meiner Frau auf den Fuß getreten. Ich verlange Genugtuung." – „Aber gern. Meine ist die dicke Blonde da drüben."

„Ziehen Sie sich aus, aber ganz!" sagt der Arzt zu dem jungen Mann. „Aber, Herr Doktor, ich will doch bloß um die Hand Ihrer Tochter anhalten!"
Der Arzt: „Na dann erst recht, junger Mann!"

Pfadfinder Karlchen wird gefragt: „Hast du heute nicht deine gute Tat vergessen?"
„Aber nein – ich war doch den ganzen Tag bei meiner Großmutter."
„Na und?"
„Und wie ich gegangen bin, hat sie gesagt: „‚Gott sei Dank!'"

Ein Schotte hat eine reiche Witwe geheiratet. Ein Freund gratuliert: „Herzlichen Glückwunsch! Und 100 000 Pfund Mitgift! Das ist schon etwas!"
„Nicht ganz, mein Lieber, nicht ganz", wehrt der Schotte ab, „die Hochzeit hat 11 Pfund gekostet!"

Brösel sitzt mit seinem fast erwachsenen Sohn am Frühstückstisch. Nach einer Weile meint der Sohn nachdenklich: „Papa, heute nacht habe ich geträumt, ich wäre verheiratet."
Sagt Papa Brösel sarkastisch: „Na, hoffentlich wird dir das für immer eine Lehre sein, mein Sohn!"

Ein Mann steht an der Theke und ruft: „Ein Bier und einen großen Steinhäger!" Der Wirt stellt das Bier vor ihn hin.
„Wo bleibt der Schnaps?" fragt der Gast.
„Haben wir nicht."
„Was denn, was denn", zetert der Mann los, „soll ich vielleicht mein Bier trocken runterwürgen?"

Nicht wahr, wir beide werden uns nie scheiden lassen!“ sagt der Bankier milde zu seiner Gattin.
„Schon wegen der Kinder“, haucht sie.
„Quatsch – wegen der Kosten!“

Ein Boxer soll operiert werden.
„Dumm“, sagt der Narkosearzt, „immer, wenn er bis neun gezählt hat, springt er wieder auf!“

Niedergeschlagen sitzt der Ehemann nach der Scheidung in der Ecke und sagt zu seiner Exgattin: „Ich bin ruiniert. Das einzige, was mir geblieben ist, ist mein Hund – wir gehen ins Wasser! Komm, Hasso!“
„Nichts da“, brüllt die Ehefrau, „der Hund bleibt hier!“

Seegang heute?" fragt die alte Dame den Kapitän.
„Nein, wir haben einige Hochzeitspaare an Bord..."

Weshalb beißen die Ostfriesen ihren Frauen nachts ins Bein?
Weil sie sich keinen Storch leisten können.

Zwei Freundinnen unterhalten sich über eine dritte: „Sie hat wirklich alles, was ein Mann sich wünscht: Bart und Muskeln!"

Zwei Freundinnen:
„Dein Verlobter ist aber reichlich alt!"
„Ja, er hätte wohl viel besser zu dir gepaßt!"

Herr Direktor, die Frau ohne Unterleib kann heute nicht auftreten!"
„Warum? Was hat sie denn nun schon wieder?"
„Blinddarmentzündung."

Wo haben Sie denn so vorzüglich tauchen gelernt, Herr Meier?"
„Im Urlaub an der Adria. Ein Gläubiger von mir hat da auch Urlaub gemacht."

Ein Manager kommt nach Hause. Seine Frau: „Bert, du bist ja ganz verstört, was ist denn los?"
„Ach, weißt du, Schatz, ich habe so aus Jux die Eignungsprüfung für unsere Lehrlinge mitgemacht – und ich bin sehr froh, daß ich schon Direktor bin."

Der Betrunkene fragt einen Jäger: „Haben Sie was geschossen?"
„Na klar, einen Achter!"
„Mit oder ohne Steuermann?"

Treffen sich zwei Hollywood-Schauspielerinnen. Sagt die eine: „Demnächst werde ich heiraten!"
„Hast du dir das auch genau überlegt?" meint die andere. „Eine Ehe birgt doch immer das Risiko in sich, mehrere Wochen gebunden zu sein!"

Fragt eine Dame ihre beste Freundin: „Stimmt es wirklich, meine Liebe, daß dein Mann mit dem Dienstmädchen durchgebrannt ist?"
„Ja, es ist wirklich zum Verzweifeln! Erna war so fleißig und tüchtig!"

Der kleine Stefan geht spät ins Bett, weil die Eltern Gäste hatten. Die Mutter besteht trotzdem darauf, mit ihm das Nachtgebet zu sprechen. Kaum begonnen, unterbricht Stefan skeptisch die Mutter: „Sind die eigentlich noch wach im Himmel...?“

Ein Auto kracht durch die Wand und bleibt am Frühstückstisch stehen. ,,Wo soll's denn hingehen?'' fragt der Hausherr.
,,Nach München.''
»Gut, dann fahren Sie gleich rechts durch das Kinderzimmer, aber hupen Sie nicht, meine Kleine schläft noch!''

Wenn wir verheiratet sind", sagt Susanne, „werden wir drei Kinderchen haben!"
„Woher weißt du das, Mäuschen?" fragt der Bräutigam.
„Sie leben jetzt bei meiner Mutter, Schatz!"

Onkel Herbert zu seinem Freund Dieter: „Hast du meinen Rat befolgt und die scheue Silvia geküßt, wenn sie es am wenigsten erwartet?"
„Du lieber Himmel, jetzt weiß ich auch, warum sie mir ein blaues Auge geschlagen hat", stöhnt Dieter. „Ich hatte verstanden, wo sie es am wenigsten erwartet...!"

Sagt der Eheberater zu Herrn und Frau Möller, die schon acht Kinder haben: „... und statt Küssen und Umarmen nach jedem Streit schütteln Sie sich in Zukunft einfach nur die Hand!"

Schorsch bekam sechzig Tage Knast aufgebrummt. Aber er hatte Glück: Er darf seine Strafe im Winter verbüßen. Da sind die Tage bekanntlich am kürzesten.

Lehrer: „Ich werde jetzt einige Sätze in der Einzahl sagen, und ihr bildet sie dann in die Mehrzahl um. Also: „Mein Bruder ist ganz klein." Kläuschen: „Meine Brüder essen Gänseklein."

Kommt ein Mann in die Bar, einen Affen auf der Schulter. „Wo haben Sie denn das Biest her?" fragt der Mixer erstaunt.
„In der Lotterie gewonnen", sagt der Affe.

Jack und Jim kommen in den Saloon. Sagt Jack: „Siehst du den Kerl dort an der Bar?" An der Bar stehen fünf Kerle. „Welchen?" fragt Jim.
Jack reiß den Colt heraus, vier Kerle sinken zu Boden. Mit dem rauchenden Colt deutet Jack auf den fünften: „Den da."
„Den kann ich nicht leiden."

Die ostfriesischen Bauern sind verzweifelt. Man hatte ihnen geraten, die eine Hälfte ihrer Kartoffeln zu verkaufen und die andere Hälfte einzukellern. Jetzt faulen die durchgeschnittenen Kartoffeln...

Mehrheit ist Mehrheit. Wer zur Mehrheit zählt, hat auch gewonnen.“
„Stimmt nicht“, sagt Rösner. „Beim Lotto zähle ich immer zur Mehrheit derer, die nicht gewinnen.“

Kläuschen“, stöhnt der Lehrer, „du könntest ein ganz hervorragender Schüler sein, wenn du im Schriftlichen so gut wärst, wie du es im Mündlichen leider nicht bist.“

Der feurige Spanier überfällt die Señorita mit wilden Küssen. „Señor, ich verbitte mir diese Belästigung“, ruft sie. „Nehmen Sie sofort die Küsse zurück!“

Rösners Wellensittich ist gestorben. Der Vater legt ihn in eine Zigarrenkiste und beerdigt ihn im Garten. „Da wird der liebe Gott aber staunen", meint Kläuschen. „Sicher denkt er, er bekommt Zigarren geschenkt, und in Wirklichkeit ist nur ein toter Vogel in der Kiste."

Die Huberbäuerin zur Nachbarin: „Jetzt schlaf' ich schon drei Nächte im Stall und warte, bis meine Kuh kalbt!"
„Na, wenn sie dich da liegen sieht, denkt sie sicher, sie hat schon gekalbt!"

Nach dem Vaterschaftsprozeß sagt der Richter zu dem Angeklagten: „Gratuliere, Sie sind soeben Vater eines prächtigen 133 Zentimeter großen und 56 Pfund schweren Jungen geworden."

Rösner will seiner Frau das Angeln beibringen. Eine Weile sitzen beide wortlos nebeneinander am Ufer. Plötzlich meldet sich Frau Rösner: „Du, mach mir mal einen neuen Wurm an den Haken. Der hier gibt sich überhaupt keine Mühe."

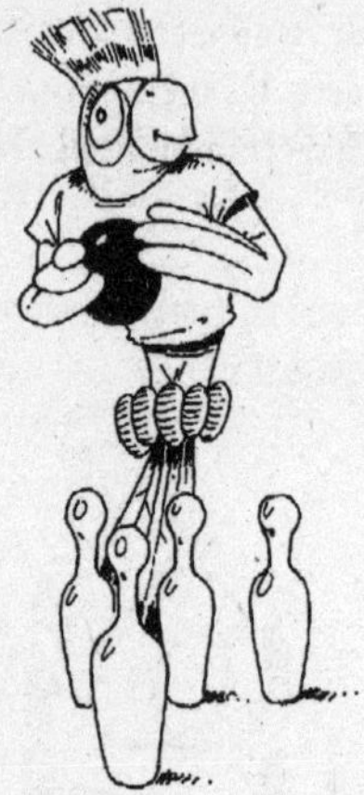

Mein Bikini kneift so", jammert die Schöne. „Kann ich verstehen", sagt ihr Begleiter verständnisvoll. „An den Stellen würde ich auch kneifen."

Liebling", fragt der Ehemann seine bessere Hälfte, „wie spricht man das italienische Zeugs aus, auf das ich so wild bin?"
„Claudia Cardinale."

Mein Mann ist jetzt nicht zu sprechen", erklärt die Frau Doktor.
„Warum denn nicht?"
„Er hat gerade seine Sprechstunde."

Zwei alte Russen sitzen auf einer Bank.
Kommt ein westlicher Journalist und fragt den einen: „Ich habe gehört, Sie sind 160 Jahre alt. Stimmt das?"
„Ja."
Der Journalist wendet sich an den anderen.
„Stimmt das wirklich, daß Ihr Freund so alt ist?"
„Das kann ich nicht beurteilen. Ich kenne ihn erst seit 158 Jahren."

Wohnt Ihr Freund eigentlich immer noch in dem Haus mit der Aussicht auf das Gefängnis?"
„Nein, jetzt wohnt er mit der Aussicht auf das Haus."

Eins steht fest", sagt der Biologielehrer, „unter uns ist keiner, der nicht von einem Affen abstammt."
„Wenn ich das meinem Vater erzähle", seufzt Kläuschen, „kann ich mir das nächste Taschengeld in den Mond schreiben."

Meine Tante ist von einem Mann geschieden worden, mit dem sie gar nicht verheiratet war."
„Unmöglich."
„Doch, vom Scheidungsrichter."

Kläuschen hat einen Onkel, der einen Ewigen Kalender besitzt.
„Onkel, schau bitte nach, auf welchen Wochentag mein siebzigster Geburtstag fällt."
„Auf einen Dienstag."
„Mist, dienstags habe ich immer Klavierstunde."

Der Tierwärter stürzt aufgeregt zum Zirkusdirektor: „Schrecklich, unser Löwe kann plötzlich sprechen!"
„Das ist ja wunderbar, seit drei Stunden suchen wir schon unseren Dompteur."

Die junge Mutter bringt ihr Kind zu Bett: „Schlaf gut, Sabinchen. Wenn du in der Nacht etwas brauchst, dann rufe nach mir, und Vati kommt dann sofort."

Der Student ist in ein neues Zimer gezogen. Kaum hat er sich da eingerichtet, tropft es von der Decke. Er holt den Hauswirt und fragt: „Ist das immer so?“
„Nein, nein“ tröstet der ihn, „nur wenn's regnet.“

Herr Kandidat, was fällt Ihnen an diesem Patienten auf?"
„Sein rechtes Bein ist länger als das linke."
„Durchgefallen! Das linke Bein ist kürzer als das rechte!"

Silvia, bitte zum Chef!“
„Au' fein, sofort!“
„Nehmen Sie aber unbedingt Ihren Stenoblock mit, seine Frau ist nämlich da!“

Mutti, der Hund von nebenan hat meine Jacke zerrissen!"
„Da hat er eine Strafe verdient!"
„Die hat er schon – ich hab' ihm seinen Knochen abgenagt!"

Heute habe ich den ersten Schritt zur Scheidung getan!"
„Waren Sie beim Anwalt?"
„Nein, ich habe geheiratet."

Wir sind vier Geschwister, lauter Mädchen, und machen alles gemeinsam: Wir arbeiten im selben Betrieb und sitzen abends auch alle am selben Fernseher."
„Und wie steht's mit den Männern?"
„Da haben wir eine Gemeinschaftsantenne."

Der junge Mann zum Mädchen: „Ich liebe dich ganz schrecklich!"
„Da haste recht – ich werde dir mal zeigen, wie man's besser macht!"

Der Klempnergeselle zur jungen, noch immer erhitzten Hausfrau:
„Aber, bitte, nichts meinem Meister sagen!"
Lächelt sie:
„Er würde dich wohl rausschmeißen?"
„O nein", grinst der junge Mann, „wie ich ihn kenne, würde er selbst kommen!"

Der Gefängnisdirektor sucht einen neuen Wärter. „Unsere Gefangenen sind recht schwierig“, sagt er zum Bewerber, „schaffen Sie das?“
„Klar, wer bei mir nicht pariert, fliegt sofort raus!“

Du hast immer behauptet, die Gerda sei völlig unerfahren."
„Ist sie auch."
„Falsch. Sie hat nämlich ein Kind bekommen, drei Monate nach der Hochzeit."
„Da siehst du doch, wie unerfahren sie ist: Sie weiß noch nicht einmal, wie lange eine Frau schwanger ist."

Zwei Regenschirme ärgerten sich. Sie standen im Garderobenständer und schwiegen. Da gesellte sich ein Spazierstock zu ihnen. „Es wird immer frivoler“, bemerkte der eine Schirm mit einem bösen Seitenblick. „Genau“, entgegnete der andere, „jetzt kommen sogar Nackte zu uns!“

Zwei junge Burschen unterhalten sich über die Nachteile des Coitus interruptus. Sagt der eine: „Benutze doch beim nächsten Male ein Kondom, dann brauchst du dich nicht vorzusehen!“
Am nächsten Tag kommt der andere strahlend an und meint: „Du, das ist ja eine tolle Sache! Nur war mir das Ding vorn ein bissel zu lang, da habe ich es einfach abgeschnitten!“

Sagt ein Urlauber zum Bauern: „Sie haben noch Kühe? Lohnt sich denn das?"
„Warum denn nicht?"
„Na, ich meine nur – wo's doch jetzt schon überall Milch in Tüten gibt!"

Seit wann lassen Sie sich eigentlich einen Vollbart wachsen?"
„Seit mir meine Frau die Krawatten aussucht."

„Wie oft kann man denn den Tieren das Fell abziehen?" wird der Hobby-Nerzzüchter gefragt.
„Nur viermal im Jahr, sonst werden sie bissig."

Ein Polizist nähert sich einem Herrn. „Ich beobachte Sie schon seit einer Stunde, wie Sie um die Pulverfabrik herumstreichen", sagt er streng. „Was haben Sie hier zu suchen?"
„Ich will mir das Rauchen abgewöhnen"sagt der Mann gequält.

Hobby-Zauberer zum Fernsehdirektor: „Ich kann ein Huhn nachmachen." – „Mann, die Nummer ist zu billig." – „Dann warte ich eben, bis die Eier teurer werden."

Hobby-Fotografin zu ihrem Mann, der sich rasiert: „Ich möchte einen neuen Farbfilm ausprobieren, schneide dich bitte mal."

Wir fahren im Dezember auf die Seychellen", erzählt die jungvermählte Jutta ihrer Freundin Rosel. – „Aber da wart ihr doch auf eurer Hochzeitsreise!" – „Ja, aber diesmal wollen wir baden."

Fragt der Autofahrer an der Raststätte: „Sagen Sie, wie weit ist es von hier bis Hamburg?"
„Früher waren es 80 Kilometer", sagt die Bedienung, „aber bei der Inflation heute werden es wohl schon 90 sein."

Auf der Party steht eine kurvenreiche Blondine im Mittelpunkt. Sagt eine Frau ärgerlich zu ihrem Mann: „Ich weiß gar nicht was alle Männer an der finden." – „Ich auch nicht", antwortet der Mann, „deswegen werde ich sie mir jetzt auch mal näher ansehen."

Dein Mann ist ja ganz heiser."
„Das hat er sich am letzten Wochenende im Gebirge geholt, er wollte beim Echo das letzte Wort haben!"

Wo waren Sie denn am Pfingstsonntag?" wird Herr Taube von Kollegen gefragt.
„Auf der Autobahn – hinter einem VW."

Sieh mal, Hugo – eine Volkstanzgruppe!" sagt sie und zeigt in eine Waldlichtung.
„Das ist keine Volkstanzgruppe – das waren Waldameisen!"

Ist dein Mädchen auch sparsam?" fragt der alte Schotte seinen Sohn, der ihm seine Verlobung ankündigt.
„Und ob. Wenn ich sie abends besuche, besteht sie darauf, daß wir das Licht ausmachen und uns zusammen auf einen Sessel setzen."

Ein Schwabe befestigt am Schaufenster des Schuhgeschäftes einen kleinen Zettel mit seiner Telefonnummer und folgendem Text: „Beinamputierter (rechts) sucht Beinamputierten (links) mit Schuhgröße 42."

Eben habe ich einem Schotten zwei große Koffer getragen", erzählt der Gepäckträger, „und am Ziel drückte er mir etwas in die Hand und sagte: „Hier, für einen Kaffee."

„Wieviel war es denn?"

„Ein Stück Würfelzucker!"

Krieg keinen Schreck, wenn du in die Garage gehst, Liebster!"

„Ist das Auto etwa nicht drin?"

„Doch", sagt die Ehefrau, „aber es steht quer."

Der Ehemann geht auf längere Geschäftsreise. „Liebling", sagt er beim Abschied, „bleib mir auch treu!"
Antwortet sie: „Du kannst beruhigt fahren. Der Wunsch, dich zu betrügen, kommt mir nur, wenn ich dich sehe!"

Wieso bist du denn so stark erkältet?" fragt Susi ihre Freundin Rosi. „Ist doch kein Wunder", krächzt Rosi, „jeden Morgen um fünf schachmatt und erhitzt aus dem Bett und nach Hause!"

Es gibt ein Mittel, die Jugendkriminalität im Keime zu ersticken!"
„Welches Mittel ist das?"
„Die Pille."

Ein Ehemann kommt eines Tages unerwartet nach Hause und erwischt seine Frau mit seinem besten Freund. Erleichtert atmet er auf und sagt: „Gott, welch ein Glück, es hätte ja auch ein Fremder sein können!“

Peter kommt von der Jagd sehr angeheitert nach Hause.
„Ihr habt doch wieder nur getrunken und nichts geschossen!“ schimpft seine Frau. Peter protestiert und zieht einen Hasen aus dem Rucksack. „Der ist ja schon abgezogen“, triumphiert seine Frau. „Den hast du irgendwo gekauft!“
„Aber nein, Liebling“, lallt er, „ich habe den Hasen beim Baden überrascht.“

Strahlend verkündet das junge Mädchen: „Papi, morgen bringe ich einen reizenden Mann zum Essen mit. Er ist klug und stark."
„In Ordnung", antwortet der Kannibalenhäuptling. „Hauptsache, er ist nicht wieder so zäh wie letztes Mal!"

Onkel Herbert sieht im Fernsehen einen Film, in dem ein Mann seine Frau schlägt.
„Fast wie bei uns", murmelt er, „nur umgekehrt."

Zwei Callgirls tauschen ihre Erfahrungen aus.
„Wie bist du mit diesem Millionär zurechtgekommen?"
„Nicht gut, er wollte immer nur in einem Sarg."
„Hat dich das etwa gestört?"
„Mich nicht, aber die sechs Träger."

Müller hat seine Frau bei dichtem Nebel kennengelernt."
„Woher wissen Sie das?"
„Na, sehen Sie sich die Frau doch mal an!"

Also, hören Sie, ich spreche jetzt nicht als Arzt zu Ihnen, sondern von Mensch zu Mensch…“
„Wird es dann billiger, Herr Doktor?“

Minna bricht beim Staubputzen dem im Vestibül stehenden Herkules sein edelstes Teil ab. Damit die Gnädige es nicht merken soll, beseitigt Minna den Schaden mit Alleskleber. – Leider hat sie das Teil verkehrt herum angeklebt; auf die Frage der Gnädigen kann Minna nur antworten: „Bei meinem Verlobten kenne ich ihn nur so."

Arzt: „Sie brauchen sich um Ihre Frau keine Sorgen zu machen. Wenn sie aus dem Krankenhaus zurückkommt, werden Sie eine ganz andere Frau haben.“ Ehemann: „Und was passiert, wenn sie es erfährt?“

Dein neuer Hut steht dir aber ausgezeichnet, Schatz!“
„Wieso sagst du das? Er verdeckt doch das ganze Gesicht“
„Eben drum, Schatz!“

Sagt Onkel Herbert: „Ich habe schon so viel über die Gefährlichkeit des Rauchens gelesen, daß ich mir jetzt das Lesen abgewöhnen will.“

„Herr Ober, wollen Sie mir bitte sagen, ob das wirklich eine Salatplatte für zwei Personen ist?"
„Natürlich, mein Herr!"
„Und warum finde ich dann nur eine einzige Schnecke dazwischen?"

Ein Herr spricht eine gutaussehende junge Dame an: „Hallo, wie wär's mit uns beiden?"
„Unverschämtheit! Finden Sie es denn überhaupt passend, eine anständige Dame anzusprechen, deren Mann heute mal verreist ist und die in der Goethestraße 12, 4. Etage, rechts, wohnt?"

„Ansprüche stellen die Leute heutzutage", schimpft der Reiseleiter, „erst wollen sie fließendes Wasser im Zimmer, und dann beschweren sie sich, daß der Wasserhahn tropft!"

Vier Kollegen kommen gleichzeitig aus dem Urlaub zurück.
„Ich war diesmal in Griechenland“, erzählt der eine.
„Ich war in Spanien“, sagt der zweite.
„Ich war in Afrika“, meint der dritte.
„Ich bin in Deutschland geblieben“, sagt der vierte.
„Snob!“ rufen die anderen drei im Chor.

**Das Passagierschiff droht zu sinken. Der Kapitän ruft verzweifelt: „Ist einer unter Ihnen, der wirklich inbrünstig beten kann?“
„Ja, ich!“ ruft einer der Passagiere.
„Wunderbar, wir haben nämlich einen Rettungsring zuwenig.“**

Du warst doch mit Karl aus der Parallelklasse so gut wie verlobt, wie ist das denn eigentlich auseinandergegangen?“ – „Er ist auseinandergegangen – ich bin gerannt.“

Auf derselben Wiese, auf der sie sich verlobten, will er sie nach 25 Jahren wieder küssen. Zärtlich lehnt er sie gegen den Zaun. Sie stürzt sich ihm wild in die Arme. „Nanu", staunt er, „du bist ja noch temperamentvoller als damals!"
„Damals gab's auch noch keine elektrischen Weidezäune!"

Dein erster Mann war eigentlich ein idealer Gatte", meint die Freundin. „Schade, daß er so früh sterben mußte."
„Tja, das sagt mein zweiter Mann auch immer."

Haben Sie eigentlich meinen Großvater gekannt?" fragt der Gastgeber den Gast zwischen zwei Pointen.
„Nein, nicht daß ich wüßte."
„Warum erzählen Sie dann alle seine Witze?"

Da kenne ich noch einen", fängt der Oberwitzbold auf der Party schon wieder an, „der ist wirklich zum Totlachen!"
„Schön wär's!" erwidert der Gastgeber.

Puh, wie schmeckt denn der Kaffee?" klagt der Mann beim Frühstück hinter seiner Zeitung. „Ich weiß, daß du kein Salz in deinem Kaffee magst", antwortet die Frau, „aber ich wollte mal wieder deine Stimme hören."

Kennen Sie schon den neuesten?“ wird ein Mann an der Theke angegriffen.
„Ja“, antwortet er in Notwehr, „seit Jahren!“

Leidenschaftlicher!" ruft der Dirigent, „Oder haben Sie nie geliebt?" „Doch, doch", sagt der Tenor, „aber nie dabei gesungen."

Die alleinstehende Putzfrau hat ein Baby gekriegt. Fragt die Nachbarin: „Wer ist eigentlich der Vater?“
„Weiß ich nicht. Oder meinen Sie etwa, ich drehe mich dauernd um, wenn ich die Treppe putze?“

Das blonde Mädchen glättet etwas verlegen ihr Kleid und meint: „Eigentlich suchte ich ja eine neue Stellung...“
Fragt der Personalchef erstaunt: „Ach, kannten Sie diese schon?“

Bin ich wirklich der erste Mann, der dich fragt, ob du mit ihm schlafen willst?" fragt er beglückt.
„Freilich", nickt sie. „Die anderen haben erst gar nicht lange gefragt!"

Da war da noch der Nachwuchs-Manager, der engagiert worden war, um neues Leben ins Geschäft zu bringen. Jetzt ist die Sekretärin schwanger.

Mein Herz", sagt sie, als er sie heftig in eine Ecke drängelt, „ist bereits vergeben."
„Schon gut", beruhigt er sie, „so hoch hinaus wollte ich eigentlich auch nicht!"

Tolles Spiel!" ruft Onkel Herbert aus dem Fernsehsessel. „Das war jetzt schon die sechste Ecke!"
„Komisch!" erwidert Tante Amalie aus der Küche, „Zu meiner Zeit hatten die Fußballplätze immer nur vier Ecken!"

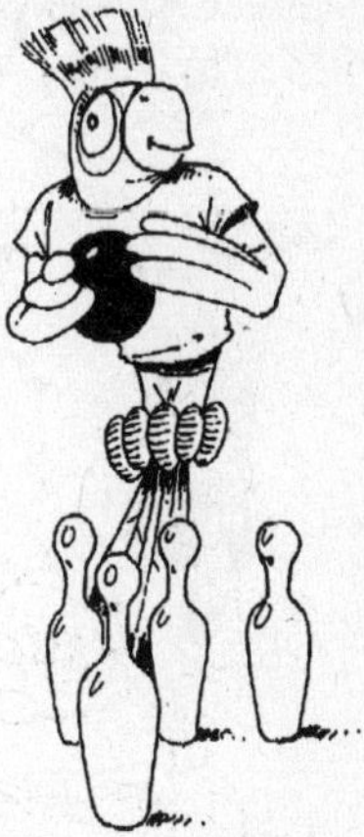

Die Frau des Boxers erwacht nachts von einem Geräusch. Im Schlafzimmer steht ein Einbrecher. Sie weckt ihren Mann und meint: „Gustav, da wünscht jemand Privatunterricht!"

Versteht Ihr Mann denn viel vom Fußball?"
„Aber natürlich – vor dem Spiel weiß er genau, welche Mannschaft gewinnt, und hinterher weiß er genau, warum sie verloren hat!"

Du, Papa, wann ist ein Fußballspiel eigentlich ein Freundschaftsspiel?"
„Wenn hinterher nur ein Spieler ins Krankenhaus muß."

Ein Tourist besichtigt einen thailändischen Tempel.
„Allein an der Deckenmalerei ist über vier Jahre gearbeitet worden", erklärt der Führer.
„Kenne ich", nickt der Besucher, „als wir unser Haus neu streichen ließen, hatten wir ähnliche Probleme mit dem Maler."

Der Richter redet dem Jüngling ins Gewissen. „Denken Sie doch einmal an Ihren armen, alten Vater."
„Fällt mir nicht ein. Der Geizkragen gibt mir von seinen geklauten Sachen ja auch nie etwas ab."

Ein Geschäftsmann auf die Frage, weshalb er sich im Gegensatz zu seiner Frau betont schlicht kleide: „Sie richtet sich nach dem Modejournal, und ich richte mich nach meinen Kontoauszügen!“

Ein Mann kriecht, dem Verdursten nahe, durch die Wüste. Plötzlich sieht er vor sich einen Araber.
„Wasser!“ röchelt der Mann.
„Krawatten!“ erwidert der Araber.
„Ich brauche Wasser!“
„Ich verkaufe nur Krawatten!“
Der Mann kriecht verzweifelt weiter. Endlich sieht er in der Ferne ein Hotel. Mit letzter Kraft erreicht er den Eingang und haucht nochmals: „Wasser...“
„Sorry!“ antwortet der Portier. „Ohne Krawatte kommen Sie hier nicht rein.“

Sag mal, wo hast du denn meine Golfsocken hingetan?"
„Welche Socken?"
„Na, die mit den fünfzehn Löchern!"

Jetzt habe ich es aber satt!" schimpft die Ehefrau. „Vorgestern nacht kamst du gestern nach Hause, gestern nacht heute. Wenn du heute nacht wieder erst morgen nach Hause kommst, lernst du mich übermorgen kennen!"

Weißt du, wer das Zahnrad erfunden hat?"
„Nein."
„Ein Schweizer. Aber weißt du, wer das Jodeln erfunden hat?"
„Nein."
„Derselbe Schweizer, als er mit seinen Fingern in das Zahnrad geriet."

Wie du wieder aussiehst!" schimpft die Mutter ihren Sprößling.
„Und diese Unordnung in deinem Zimmer! Willst du mir nicht wenigstens antworten, Wolf-Dieter?"
„Ach so", meint der Kleine, „ich dachte, du sprichst mit Vati."

Ein Mann kommt zum Heiratsvermittler. „Ich suche eine reiche und anständige Frau, wenn möglich eine Witwe."
„Schön, mein Herr, aber was soll überwiegen: der Reichtum oder die Anständigkeit?"

Patient: „Das ist aber nicht der Zahn, den Sie mir ziehen sollten!"
Zahnarzt: „Geduld, Geduld! Zu dem kommen wir gleich."

Ein Patient kommt zum Psychiater. „Herr Doktor, ich höre Stimmen, sehe aber niemanden."
„Und wann ist das?"
„Immer, wenn ich telefoniere."

Walter ist zum Festtagsbraten eingeladen. „Darf ich Ihnen noch ein Stück vom Hasen geben?" fragt die Hausfrau seufzend.
„Bitte ja", sagt Walter. „Aber nur noch so ein winziges Stück, wie ich es vorher hatte!"

Wirklich, man merkt es dir an, daß du jetzt nicht mehr Junggeselle bist. Keine Löcher mehr in den Strümpfen und alle Knöpfe säuberlich angenäht."
„Ja, das war auch das erste, was mir meine Frau beigebracht hat: Strümpfe stopfen und Knöpfe annähen!"

Wirbt die Bank: „Geld – billig wie noch nie!“ Kommt ein Mann: „Bitte, geben Sie mir zwei Kilo Hundertmarkscheine, aber die aus Ihrem Sonderangebot!“

Paulchen, seit zwei Wochen sind deine Hausaufgaben fehlerlos, wie kommt das eigentlich?“
„Das kommt daher, weil mein Vater auf Reisen ist!“

Ein Kaufinteressent besichtigt einen Altbau. „Das ganze Haus riecht feucht!“ stellt er fest.
„Kein Wunder“, sagt der Makler, „der letzte Besitzer war ein Trinker.“

Mein Mann ist wie ein Vulkan."
„So feurig?"
„Nein, ein Ausbruch in zwei Jahren!"

Ein Preuße zu einem Bayern, der seine Heimat über alles lobt: „Und wennse die Berge und die Seen wegnehmen – wat bleibt denn noch...?"

Fragt der Arzt: „Haben Sie diese Schmerzen auch nachts?"
„Das kann ich nicht wissen – nachts schlafe ich doch!"

Fritzchen, wer schreit denn bei euch so laut?"
„Ach, das ist Opa. Der erklärt meinem Vati meine Rechenaufgaben."

Was tun Sie eigentlich, wenn Sie erkältet sind, Herr Doktor?"
„Das ist verschieden. Manchmal huste ich, und manchmal niese ich nur."“

Neujahrsmorgengrauen. Vor der Kneipe liegt ein Mann. Die Passanten denken, er stirbt. Sie holen den Pfarrer. Der fragt: „Mein Sohn, willst du die Letzte Ölung?“
Lallt der Mann: „Himmel, nur nichts Fettiges!“

Silvesterparty bei einem Bankier. Ein junger Mann will sich neben die Tochter des Hauses setzen. Sie steht sofort auf und geht ins Nebenzimmer. Grinst ein Gast schadenfroh: „Kapitalflucht!“

Darling", sagt die Schottenfrau zu ihrem Mann, „wollen wir im neuen Jahr wieder einmal ins Kino gehen?"
„Aber wir waren doch erst."
„Ja, aber in der Zwischenzeit ist der Tonfilm erfunden worden."

Ein Mann mit 'ner Ente unterm Arm kommt in eine Bar. Und der Barkeeper fragt den Mann erstaunt: „Was wollen Sie denn mit dem dummen Schwein hier?"
„Mann, das ist doch kein Schwein, das ist 'ne Ente!"
„Ich spreche doch nicht mit Ihnen, ich spreche mit der Ente!"

Onkel Herbert sitzt morgens im Hotelrestaurant und freut sich über das großartige Frühstück. „Das Muster auf der Butter ist aber ganz besonders hübsch!"
„Nicht wahr?" sagt der Ober stolz. „Hab' ich auch mit meinem Kamm gemacht!"

„Mami, darf ich schwimmen geh'n?" – „Nein, mein Kind, das Meer ist viel zu stürmisch!"
„Aber der Papi schwimmt doch auch!"
„Der Papi, der Papi..., der Papi ist schließlich versichert, mein Kind!"

Narben-Harry zeigt den ehemaligen Knastkumpanen sein zehn Wochen altes Söhnchen. „Ist er nicht ein Prachtkerl?" sagt er stolz. „Und sitzen kann er auch schon."

Sagt der Patient nach der dritten Sitzung zu seinem Psychiater: „Herr Doktor, mein Minderwertigkeitskomplex ist wie weggeblasen. Sie altes Arschloch!"

Die Mutter fühlt sich nicht wohl und trinkt einen Schluck Kognak. Bald darauf bringt sie ihren Sohn ins Bett und gibt ihm einen Gutenachtkuß.
Meint der Kleine: „Mami, seit wann nimmst du denn Papis Parfüm?"

Nun muß ich Sie schon zum fünften Male bitten, mir endlich mein Geld zurückzugeben!"
„Na und? Ich mußte Sie mindestens fünfzehnmal bitten, bis Sie es mir gaben!"

Sie haben mich belogen“ sagt der Kunde zum Malermeister. „Wieso?“ fragt dieser erstaunt. Fährt der Kunde unbeirrt fort. „Sie haben mir doch gesagt, daß die gestreifte Tapete das Zimmer höher machen würde, aber der neue Hochschrank geht immer noch nicht rein!“

Guck mal, Mäxchen, diese Kinder haben weder Mutter noch Vater, weder Onkel noch Tante. Willst du ihnen nicht etwas zu Weihnachten schenken?“
„Ja, gern. Am liebsten Tante Berta!“

Frau Meyer trifft ihre Nachbarin: „Wir wohnen ja nun bald in einer besseren Gegend!“
„Und wir in einer ruhigeren!“ antwortet Frau Weber.
„Wieso, ziehen Sie auch um?“
„Nein, wir bleiben hier!“

Ein kleiner Junge im Zoo zu seiner Mutter: „Was hat denn der Elefant da?“
„Das ist der Rüssel!“
„Nein, da weiter hinten!“
Die Mutter verlegen: „Das – das ist gar nichts!“
Da tippt ihr ein Herr auf die Schulter: „So verwöhnt, gnädige Frau?“

Patient: „Herr Doktor, ich fühle, ich stehe an der Pforte des Todes!“
„Keine Sorge, ich bringe Sie schon durch!“

Wenn Sie schon kein Geld für die Zeche hatten, Angeklagter, mußten Sie dann ausgerechnet Austern und Sekt bestellen?“
„Ja, Herr Richter, ich kenne den Wirt. Der hätte mich auch angezeigt, wenn ich nur ein Würstchen bestellt hätte!“

Wenn ich sterbe", sagt er zu seiner Frau, „möchte ich verbrannt werden!"
„Typisch", meint sie, „weggehen und die Asche liegenlassen!"

Ein Schotte sucht sich in einer Gärtnerei eine große Gurke aus. „Zwei Schilling", sagt der Gärtner.
„Danke, zu teuer."
Er sucht weiter und findet ein kleines Exemplar.
„Sixpence!"
„Okay, ich hole sie in zwei Monaten ab!"

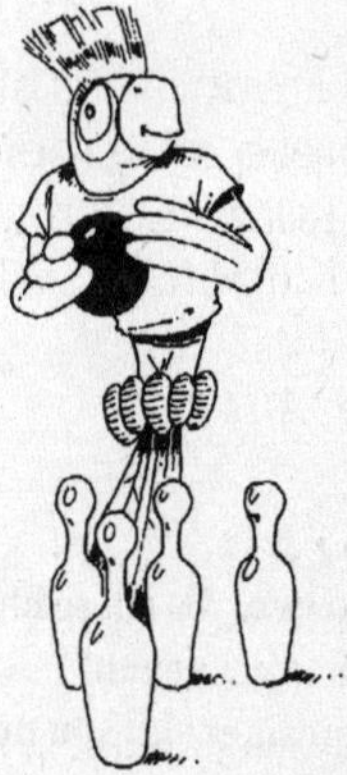

Sie waren im letzten Jahr bei acht verschiedenen Firmen?“ fragt der Personalchef den Bewerber. „Genau“, sagt der stolz, „man reißt sich förmlich um mich!“

Jakob zu seinem Freund: „Es ist wie ein Alptraum, wenn ich mir vorstelle, daß meine Frau in vier Wochen von der Kur zurück ist...!”
Der Freund voller Mitgefühl: „Wie lange ist deine Frau denn schon weg?”
„Morgen fährt sie...!”

Marsch ins Bett, Mäxchen. Als ich so alt war wie du, bin ich immer mit den Hühnern zu Bett gegangen!“
„Und da bist du kein einziges Mal von der Stange gefallen, Vati?“

Tante Emma sitzt am Klavier und spielt leidenschaftlich eine Stunde, zwei Stunden... Schließlich meint der kleine Peter: „Wenn du nicht mehr anhalten kannst, der rechte Hebel da ist, glaube ich, die Bremse!"

Frau Mübbler mißtraut ihrem Mann. Tag für Tag sucht sie gründlich sein Jackett nach Damenhaaren ab. Als sie nach vier Wochen immer noch keins gefunden hat, stellt sie ihn zur Rede und faucht ihn an: „Jetzt weiß ich es endlich, du betrügst mich mit einer Kahlköpfigen!"

Bollweber gibt beim Finanzamt seine Steuererklärung ab. „Hier fehlt ein I-Punkt", erklärt ihm der Beamte.
„Geht nicht, es muß dieselbe Handschrift sein!"

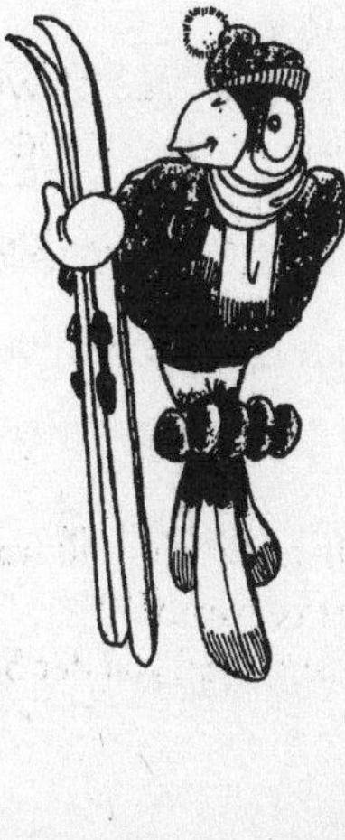

Mein Kind, ich verstehe dich nicht, warum willst du den jungen Lehmann denn nicht heiraten? Seine Vergangenheit ist doch tadellos und seine Zukunft sicherlich vielversprechend!"
„Mag sein, Papa, aber seine Gegenwart ist mir unerträglich!"

Sie stehen vor Gericht, weil Sie Ihrem Nachbarn das Moped geklaut haben. Sie sind schon einmal einschlägig vorbestraft?"
„Ja, mein Nachbar hat mich schon verhauen!"

Weißt du, wer der erste Dichter war?"
„Nebel."
„Wieso?"
„In der Bibel steht: Dichter Nebel zog über das Land."

Meint der Verteidiger zu seinem Mandanten: „Wir haben den Prozeß haushoch verloren. Wir müssen sämtliche Kosten bestreiten!"
Antwortet der Klient: „Na klar, bestreiten wir. Zahlen kann ich sowieso nicht!"

Frau zum Psychiater: „Mein Mann denkt Tag und Nacht nur an sein Geld!"
„Was?" staunt der Arzt. „Er denkt nur an sein Geld? Na, das werden wir bald haben."

Der Ehemann kommt vom Vereinsabend nach Hause und berichtet seiner Frau: „Ich bin heute zum zweiten Vorsitzenden gewählt worden!"
„Da haben sie aber gut gewählt, die Rolle kennst du ja von zu Hause!"

Der Onkel aus Amerika ist zu Besuch. Voller Stolz berichtet er seinen Verwandten: „Meine Ranch ist so groß, daß ich mit meinem Auto zwei Stunden brauche, um von einem Ende zum anderen zu kommen!“
„Ja, ja“, sagt einer der Zuhörer, „so ein Auto hatte ich auch einmal!“

Schon zwanzig Minuten verfolgt ein Polizist den Dieb, den er auf frischer Tat ertappt hat. Als beide völlig erschöpft sind, setzen sie sich auf eine Bank, um zu verschnaufen. Nach einer Weile blickt der Dieb zum Polizisten und sagt: „Na, was ist? Pack ma's wieder?“

Herr Doktor, ich bilde mir ein, ich sei ein Biskuit!"
„So ein kleiner runder, mit einem Loch mittendrin?"
„Ja, das stimmt!"
„Dann sind Sie kein Biskuit, sondern ein Cracker!"

Ein Betrunkener torkelt nachts auf einem Parkplatz von Wagen zu Wagen und tastet die Autodächer ab. „Was machen Sie denn da?"
„Ich suche meinen Wagen!"
„Das ist sehr schwer, die Dächer sehen doch alle gleich aus!"
Darauf meint der Betrunkene: „Das stimmt nicht immer, auf meinem ist ein Blaulicht drauf!"

Ein Arzt studiert im Restaurant etwas umständlich die Speisekarte. Der Ober eilt herbei, um dem Doktor bei der Auswahl behilflich zu sein:
„Ich habe gepökelte Zunge, gedämpftes Hirn, Froschschenkel, saure Nieren...!"
Der Arzt blickt hoch:
„Gut, kommen Sie gleich in meine Sprechstunde, ich will nur rasch eine Kleinigkeit essen!"

Opa, was wäre dir lieber, ein hübsches Mädchen oder ein Sahnebonbon!"
„Was soll die dumme Frage? Du weißt doch, daß ich keine Zähne mehr habe!"

Beglückt erklärt die Sängerin:
„Ich werde demnächst im Ausland auftreten!"
Darauf der Kritiker:
„Gnädige Frau, das finde ich sehr rücksichtsvoll von Ihnen!"

Haben Sie unsichtbare Haarnetze?" fragt die Kundin den Drogisten.
„Selbstverständlich."
„Kann ich dann bitte mal eins sehen?"

Die Immobilienfirma Romantica hat zwei alte Schlösser in ihrem Angebot, eines mit Gespenst und eines ohne.
„Und wieso kostet das Spukschloß mehr als das andere?“ will der Kunde wissen.
„Meinen Sie, heute macht noch irgendeiner etwas umsonst?“

Ich habe das Gefühl, daß mir meine Frau nicht treu ist!“
„Wieso?“ fragt sein Freund mitfühlend.
„Wir sind doch letztes Jahr von Hamburg nach München gezogen...“
„Und?“
„Der Briefträger ist immer noch derselbe!“

Na, hat die Diät bei Ihrem Mann angeschlagen?“
„Ja, phantastisch, das Segelboot, das er sich auf die Brust tätowierte, sieht jetzt wie ein Faltboot aus!“

Ein Ostfriese möchte Hühner züchten. Er kauft hundert Küken, dann abermals hundert, bald wieder hundert. Fragt ihn der Händler:
„Es scheint mit Ihrer Zucht wohl nicht so recht zu klappen?"
„Nein, gar nicht, entweder pflanze ich zu tief oder zu dicht!"

Ein Fremder badet im Baggersee und möchte gern ganz rüberschwimmen. Er fragt einen kleinen Jungen:
„Kannst du mir sagen, mein Junge, ob ich da hinten noch Grund habe?"
„Grund haben Sie schon, nur Ihr Kopf guckt dann nicht mehr raus!"

Sag mal, Bübchen, du schaust doch wohl nicht durchs Schlüsselloch, wenn ich mit deiner Schwester auf dem Sofa sitze?"
„Nein, Mama erlaubt nicht, daß ich sie zur Seite schiebe!"

Morgens gegen vier schreckt der Chef aus dem Bett seiner Sekretärin hoch. „Um Himmels willen, ich muß nach Hause. Hast du ein Stück Kreide ?" Mit der Kreide in der Hand stürzt er hinaus und fährt nach Hause.
„Wo kommst du her?" sagt seine Frau drohend.
„Verzeih mir, du kennst doch meine neue Sekretärin. Ich hab' sie zum Essen eingeladen und hinterher in eine Bar. Dann fuhr ich sie nach Hause, bin mit ihr in die Wohnung, na ja – und da ist's dann passiert!"
„Lüg doch nicht schon wieder!" brüllt seine Frau. „Du warst doch bloß wieder kegeln. Du hast ja noch Kreide an den Fingern!"

Ich möchte gerne von Ihnen wissen, Fräulein Eisbrenner, wann Sie in diesem Jahr Urlaub machen wollen?"
„Sooft Sie wollen, Herr Direktor!"

Aber Minna, warum wollen Sie denn kündigen? Haben wir Sie denn nicht immer behandelt, als wenn Sie zur Familie gehörten?"
„Eben, das habe ich mir lange genug gefallen lassen!"

Sie müßten sich wirklich mal die Füße waschen", schimpft der Orthopäde mit seinem neuen Patienten.
„Das hat mir mein Hausarzt auch gesagt, aber ich dachte, bevor du was unternimmst, frage lieber erst einmal eine Kapazität!"

Sag mal, Alois, was hast du deiner Kuh damals eigentlich gegeben, als sie so krank war?" fragt der Bauer seinen Nachbarn.
„Salmiak, verdünnt!"
Nach einer Woche: „Alois, meine Kuh ist eingegangen!"
„Meine damals auch!"

Egoisten haben auch ihre guten Seiten!"
„Zum Beispiel?"
„Sie reden nicht über andere Leute!"

Und wissen Sie, warum die Ostfriesen nicht mehr mit den Hühnern schlafen gehen?
Weil sie immer von der Stange gefallen sind.

Und dann war da noch die Frau, die in einem Quiz als Hauptgewinn eine Nacht mit einem Star verbringen konnte! Sie wählte die Fischer-Chöre!

Ein Junge und ein Mädchen gehen in den Wald und sehen eine Bank.
„Du, wollen wir Dummheiten machen?"
„O ja!"
„Komm, dann schmeißen wir die Bank um!"

Der Ehemann kommt im Morgengrauen nach Hause.
„Wo warst du?" fragt seine Frau drohend.
„Du hast mich doch immer gefragt, wo ich geblieben wäre, wenn du mich nicht geheiratet hättest – da war ich heute!"

Erwin, das ist der Mann, der mich in letzter Sekunde vorm Ertrinken gerettet hat!"
„Ich weiß. Er hat sich schon bei mir entschuldigt..."

Als der Rennstallbesitzer nachts nach Hause kommt, sieht er seine Frau mit seinem besten Jockey im Bett. Sofort brüllt er los: „Das war das letztemal, daß Sie für mich geritten sind!"

Schmatzke liegt im Sterben. Olga, seine Frau, sitzt am Bett und schluchzt:
„Ach, Edu, ich werde dir bestimmt bald folgen." Da richtet sich Schmatzke mit letzter Kraft noch einmal auf und flüstert:
„Das eilt nicht, Olga, laß dir ruhig Zeit!"

Mitten in der Sahara gibt der Geländewagen des Forschers plötzlich seinen Geist auf. Er kann aber den Defekt nicht finden.
Plötzlich steht ein weißes Pferd neben ihm und wiehert. „Rechts oben, die Zündkerze", schnauft es und galoppiert weiter. Verwundert muß er feststellen, daß das Pferd den Fehler richtig erkannt hat. In der Stadt angekommen, erzählt er von seinem Erlebnis. „Da haben Sie aber Riesenglück gehabt. Hier trabt nämlich noch ein schwarzes rum, und das hat von Autos überhaupt keine Ahnung!"

Erzählt die Nachbarin der anderen: „Mein Mann hat immer Glück. Gestern läßt er sich gegen Unfall versichern, und heute ist er überfahren worden!"

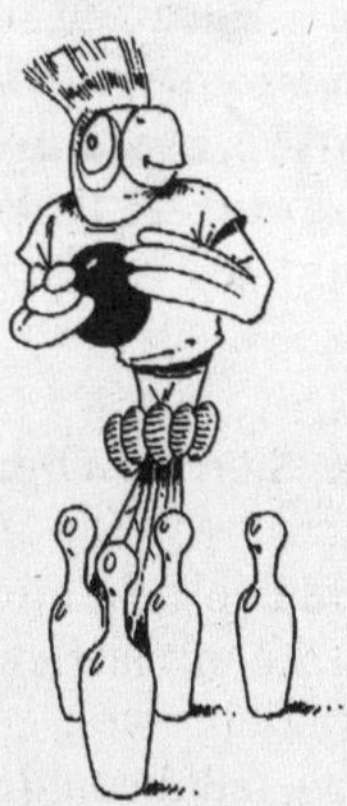

Ein Landstreicher wird ins Krankenhaus eingeliefert. Zuerst steckt man ihn in die Badewanne und schrubbt ihn gründlich von Kopf bis Fuß. Danach liegt er wohlig ermattet im Bett und sagt zu seinem Bettnachbarn: „Eigentlich habe ich mir eine Operation immer viel schlimmer vorgestellt!"

Der Vertreter geht wieder mal auf Reisen. Er verabschiedet sich von seiner Ehefrau: „Ach, Schatz, es ist schon ein Hundeleben – jede Nacht in einem anderen Bett!"
„Ja, ja, wem sagst du das...!"

Zwei Ärzte unterhalten sich auf dem Gang des Krankenhauses. Plötzlich eilt eine bildhübsche Krankenschwester vorbei.
„Phantastische Beine", sagt der eine.
„Kann ich leider nicht beurteilen", erwidert der andere, „ich bin nämlich Hals-, Nasen- und Ohrenarzt."

Die Frau des Direktors kommt ins Büro: „Sie sind also die neue Sekretärin meines Mannes?"
„Ja, gnädige Frau."
„Hoffentlich machen Sie nicht den gleichen Fehler wie Ihre Vorgängerin!"
„Welchen Fehler hat die denn gemacht?"
„Sie hat ihn geheiratet."

Frage:
Wenn mein Mann abends heimkommt, küßt er zuerst unseren Hund und dann mich. Kann ich mich wegen seelischer Grausamkeit scheiden lassen?
Antwort:
Die Frage läßt sich nicht ohne weiteres beantworten. Schicken Sie mir bitte ein Bild von Ihnen und eins von Ihrem Hund!

Ich habe letzte Nacht geträumt, ich würde noch einmal geimpft. Was mag das wohl bedeuten?" – „Du mußt dir unbedingt Insektenpulver kaufen!"

Zwei Freunde treffen sich nach längerer Zeit.
„Na, wie geht's?"
„Danke, ich kann wieder laufen!"
„Unfall gehabt?"
„Nein – aber ich bin meinen Führerschein los!"

Heini erzählt in der Schule: „Ich habe heute morgen vier tote Fliegen gefunden – zwei männliche und zwei weibliche." Der Lehrer: „Woher weißt du, ob es weibliche oder männliche waren?" – Heini: „Zwei klebten am Schnapsglas und zwei am Spiegel."

Fragt der Quizmaster den Kandidaten: „Was stellen Sie sich unter einer idealen Frau vor?"
„Ein Bett!"

Warum haben die Frösche keine Haare?"
„Weil sie von frühester Jugend an herumsumpfen!"

Komm, Erna, laß uns Pferdchen spielen!"
„Wie geht denn das, Schatz?"
„Du bist das Vorderteil – und ich bin ich!"

Herbert zu seiner Frau: „Sonntag geh' ich reiten!"
„Daraus wird nichts – vorhin hat die Stute angerufen und gesagt, sie sei trächtig!"

Das Mädchen aus dem Binnenland besucht eine Freundin in Kiel. „Wir werden heute noch eine steife Brise kriegen", sagt die Kielerin.
„Nennt man das bei euch so?"

Sagt der Filmboß zum Jungstar: „Ich habe eine herrliche neue Rolle für Sie. Leider hat sie einen kleinen Haken." – „Welchen?" – „Fünf Minuten lang müßten Sie vollständig angezogen spielen."

Er: „Hast du schon mal von der Liebestechnik der 60 Sekunden gehört?"
Sie: „Nein, wie geht das?"
Er: „Hast du eine Minute Zeit?"

Jammert der Jungstar aus dem „Mädchen-Report“: „Schrecklich – eine Motte hat meinen Bikini gefressen!“ – Meint die Freundin: „Das arme Tier muß daran verhungert sein.“

Schimpft die Nackte am FKK-Strand: „Starren Sie mich nicht so unverschämt an! Das ist hier nicht üblich!“ – „Verzeihung, ich habe Sie mir gerade in einem tollen Abendkleid vorgestellt.“

Genieren Sie sich denn am Nacktstrand überhaupt nicht?“ – „Wieso, da laufen wir doch rum, wie Gott uns schuf.“ – „Eben.“

Der Mann mit dem Sonnenhut sieht unserem Personalchef ähnlich." – „Das ist unser Personalchef! Das seh' ich an der Blinddarmnarbe."

Fragt der Professor beim Medizin-Examen: „Kennen Sie ein besonders süßes Abführmittel?"
„Ja, meine Evi, die ist bei der weiblichen Kripo."

Frau Kommissar, können Sie nicht den Vater meines Kindes ermitteln? Herr Fink scheidet aus, der war auf dem Betriebsausflug nicht mit."

Der Polizeichef donnert die Kommissarin an: „Warum haben Sie den Kerl nicht auch im Kino beschattet?" – „Weil ich den Film schon kannte."

Hugo, mach ihn fertig!“ jubelt ein Zuschauer beim Catch-as-catch-can. – „Sind Sie Hugos Freund?“ – „Nein, der Zahnarzt des Gegners.“

Der Catcher verprügelt abends seinen Sprößling. Seufzt seine Frau: „Wilhelm, mußt du dir denn immer noch Arbeit mit nach Hause bringen?”

Egon, soll ich zu unserem zehnten Hochzeitstag chinesische Ente machen?“ – „Warum soll auch das arme Tier darunter leiden? Laß es leben.“

Irma und Klara unterhalten sich flüsternd im Theater.
„Ostersonntag hat mich Otmar mit nach Hause genommen", flüstert Irma, „er schlug mir vor, noch ein Glas Sekt zu trinken. Und stell dir vor, der hatte über die Couch doch tatsächlich schon ein Bettuch ausgebreitet."
„Das ist aber grob!"
„Nicht wahr? Ich liege auch lieber auf Seide!"

Die kesse Kiki sitzt auf dem Küchentisch und färbt Ostereier. Das Fenster ist offen – von der anderen Straßenseite schaut ein Mann zu, schreibt etwas auf einen Zettel und schickt damit einen kleinen Jungen hinüber zu Kiki. Sie liest:
„Verehrtes Fräulein Kiki, ich beobachte Sie beim Eierfärben. Ich möchte mir nur den Hinweis erlauben, daß man Ihr schwarzes Höschen sehen kann."
Schreibt Kiki zurück: „Kaufen Sie sich mal 'ne Brille, lieber Mann – ich habe gar keins an!"

Eine kleine Bank im Mittleren Westen Amerikas hat eine neue geheime Alarmanlage bekommen, die sofort mit der Polizei verbindet. Eines Tages dringen bewaffnete Gangster in den Kassenraum, packen das Bargeld und verschwinden. Da läutet das Telefon des Kassierers: „He, Joe, paß doch besser auf", hört er den Polizisten, „du stehst schon ganze fünf Minuten auf dem Alarmknopf!"

Tante Sophie, die plötzlich eine Brille trägt, verrät ihrer besten Freundin: „Gebraucht hätte ich sie schon lange, aber erst jetzt ist meine Neugier größer als meine Eitelkeit."

Der junge Arzt hat seine erste Entbindung gemacht. Er fragt den Chefarzt, ob er seine Sache gut gemacht habe. Der Chef lächelt: „Es war soweit alles ganz ordentlich, junger Freund. Nur hätten Sie dem Baby ein paar Klapse auf den Po geben sollen, nicht der Mutter!"

Hänschen und Anni spielen gerade im Hof, als der Vater aufgeregt ruft: „Hört mal – ihr habt ein Brüderchen bekommen!"
Schreit Hänschen: „Das muß ich sofort Mutti erzählen!"

Fragt der der Lehrer: „Welche vier Worte werden in der Schule am häufigsten gebraucht, Fritzchen?"
„Das weiß ich nicht!"
„Richtig!"

Herzlichen Glückwunsch zur Geburt Ihres Sohnes, Frau Möller! Wie heißt er denn?"
„Das weiß ich noch nicht, man versteht ihn so schlecht."

Herr Ober , Ihr Hund starrt mich dauernd an!"
„Kein Wunder, Sie essen ja auch von seinem Teller!"

Mit meiner Tochter ist immer etwas los. Erst verstaucht sie sich den Fuß, dann bricht sie einen Arm, und jetzt hat ihr irgendein Kerl den Kopf verdreht."

Herr Lehrer, ich kann leider nicht entziffern, was Sie unter meinen Aufsatz geschrieben haben."
„Zeig mal her, Kläuschen. Nun, da steht lediglich, daß du beim nächstenmal deutlicher schreiben sollst."

Ich habe einen Kursus in Sprechtechnik hinter mir. Was hältst du jetzt von meiner Aussprache?"
„Wie bitte?"

So ein FFK-Urlaub mit deiner Frau müßte doch eigentlich billig sein, weil sie keine neuen Kleider braucht!“
„Das stimmt, aber dafür läßt sie sich vorher immer den Busen liften!“

Der 60jährige Herr Möller hat fünf Stunden lang Holz gehackt und klagt nun über Rückenschmerzen: „Man wird halt älter!“
Sein 70jähriger Bruder Johannes kommt von einer Bergpartie zurück und klagt über Schmerzen in den Beinen: „Man wird halt älter!“
Der 80jährige Bruder Julius kommt zu seiner Freundin. Sie sagt: „Du bist ja schon wieder da! Du bist doch erst vor zwei Stunden gegangen...!“
Sagt der 80jährige: „Man wird halt älter! Da merke ich, wie mein Gedächtnis nachläßt!“

Hallo“, beschwert sich beim Friseur ein Kunde, „was Sie da in der Hand halten – ist das etwa mein Ohr?“
„Hab’ ich mir’s doch gedacht“, meint der Friseur, „diese Ähnlichkeit – wie aus dem Gesicht geschnitten!“

Zwei Afrika-Urlauber haben sich im Busch verlaufen. Nach drei Stunden begegnen sie endlich einem Eingeborenen. „Du, schwarzer Mann“, fragt der eine verzweifelt, „du haben gesehen große, silberne Vogel mit große Flügel?“
„Nein“, sagt der Neger, „einen großen Vogel nicht, aber wenn Sie dort lang noch zwei Kilometer laufen, kommen Sie zum Flugplatz. Da steht eine Boing 727 auf der Piste.“

Der Tierarzt kommt auf den Bauernhof, um die prämierte Kuh künstlich zu befruchten. Die Bäuerin ist allein, führt den Doktor in den Kuhstall und sagt: „Da steht die Kuh Liesel, und an dem Nagel dort können Sie Ihre Hose aufhängen."

Eine Dame fragt bei der Eheberatung an: „Mein Verlobter möchte unbedingt schon vor der Ehe mit mir verkehren, aber ich bin dagegen. Soll ich hart bleiben?" Antwort: „Werden Sie weich, solange er hart ist!"

Die Sekretärin bringt dem Direktor eine Tasse Kaffee. Als sie sein Zimmer betritt, flötet sie: „Hier, Süßer...", und bricht ab, denn vor ihr sitzt die Frau des Chefs. Schnell fährt sie fort: „...als gestern ist der Kaffee ganz sicher nicht!"

Die junge Ehefrau kommt nach Hause. „Liebling", flüstert sie ihrem Mann ins Ohr, „ich war beim Arzt – du wirst Vater!"
Überglücklich läuft der Mann aus dem Haus, trifft seinen Freund und brüllt ihm zu: „Meine Frau bekommt ein Kind!"
Mault der Freund: „Du brauchst mich überhaupt nicht so anzubrüllen – ich habe deine Frau seit über einem Jahr nicht mehr gesehen!"

Strahlt einer am Stammtisch: „Ich wünschte, ich hätte für jedes Mädchen, mit dem ich schon geschlafen habe, ein 50-Pfennig-Stück!"
„Warum?" meint sein Nachbar. „Wollen Sie sich eine Zeitung kaufen?"

Sie: „Alle Männer sind nur hinter meinem Vermögen her. Wenn nur einer mich selbst meinte und nicht mein Geld – wieviel würde ich dafür geben!“
Er: „Ja, wieviel?“

Auf einer Gesellschaft erklärt ein stolzer Vater, sein Söhnchen könne die schwierigsten Wörter aussprechen. „Sag einmal Rhinozeros!“
Der Kleine blickt in die Runde und fragt: „Und zu wem, Papi?“

Herr Doktor, wenn ich schlank werden will, muß ich auf vieles verzichten?“
„Nein, nur auf Essen.“

Stürzt ein Radfahrer auf der Straße hin. Kommt ein Passant und hilft ihm wieder auf die Beine. „Das ist selten – so hilfsbereite Menschen“, dankt der Radfahrer.
„Nun, das ist meine Pflicht, ich bin Abgeordneter! Denken Sie aber auch bei den nächsten Wahlen an mich!“
„Wissen Sie“, sagt der Radfahrer ernüchtert, „ich bin doch nur auf den Hintern gefallen und nicht auf den Kopf...!“

Der Richter fragt die Zeugin: ,,Wie heißen Sie mit sämtlichen Vornamen?" – ,,Claudia, Gisela, Ute."
,,Und wie ruft man Sie? "
,,Komm her, du kleine Bumskatze."

Ein Frosch, eine Schlange und ein Tausendfüßler haben sich verabredet. Der Frosch und die Schlange treffen pünktlich ein. Nur der Tausendfüßler läßt auf sich warten. Endlich geht die Tür auf, und er stolpert völlig erschöpft herein. „Wo warst du so lange?" fragen die beiden Wartenden. „Draußen hängt ein Schild an der Tür", keucht der Tausendfüßler, „auf dem steht: Bitte Füße abtreten!"

Will die Freundin wissen: „Hat er dich schon geküßt?"
„Ja", sagt Rosi, „und wie! Es war wie eine Anfrage im ersten Stock, ob im Parterre noch frei ist!"

Ich will ja nicht behaupten, daß deine Mutter eine schlechte Köchin ist", sagt der junge Mann zu seiner Freundin, „aber jetzt verstehe ich vollkommen, warum ihr vor jeder Mahlzeit betet!"

Sagt Herbert: „Ich hab' eine Idee: Wir trinken noch ein Bier, dann reißen wir ein paar scharfe Weiber auf!"
„Nichts mehr drin! Bin schon ziemlich blau – ich schaff's nicht mal mehr zu Hause!"
„Klasse, Mann", sagt Herbert, „wir geh'n zu dir!"

Die flotte Lotte kommt in die Apotheke und sieht in der Ecke eine Waage stehen. Sie nimmt einen Groschen, wirft ihn in den Schlitz und stellt sich auf die Waage. Entsetzt schreit sie auf, zieht ihren Mantel aus und wiegt sich aufs neue. Wieder ein Entsetzensschrei. Sie zieht Pullover und Schuhe aus, und wieder ist sie mit dem Ergebnis unzufrieden. Gerade hat sie den Reißverschluß ihres Minirocks geöffnet und kramt nach einem weiteren Groschen, da spricht sie der Apotheker an. „Ab jetzt, mein Fräulein, geht es auf Rechnung des Hauses."

Jeden Abend kommt der Fünfjährige nach Hause und beklagt sich, daß die Kinder aus der Nachbarschaft ihn ärgern. Schließlich nimmt ihn der Vater beiseite und zeigt ihm ein paar Boxtricks: abblocken, wegtauchen, linker Haken, rechte Gerade. „So", sagt er aufmunternd, „das nächstemal zeigst du's denen."
Zwei Tage später stürzt der Knirps ins Zimmer. „Papi, ich hab's geschafft!" ruft er mit vor Stolz blitzenden Augen. „Ich hab' ihr ein blaues Auge geschlagen!"

Sie haben sich beim Tanzen kennengelernt. Hinterher spazieren sie engumschlungen durch die Nacht.
„Erzählst du eigentlich alles deiner Mutter, was du so erlebst?" fragt er.
„Kein Wort. Meine Mutter interessiert das auch gar nicht."
„Eine selten großzügige Frau!"
„Das stimmt. Dafür ist mein Mann doppelt neugierig."

Tolle Silvesterparty bei Ettenbergers. Plötzlich fragt ein Herr den andern: „Haben Sie Aktfotos von Ihrer Frau?"
„Was fällt Ihnen ein, Sie unverschämter Kerl", entrüstet sich der Gefragte.
„Nur ruhig", sagt der andere, „ich dachte, Sie wollten vielleicht welche..."

Ich möchte ein Klapprad als Neujahrsgeschenk für meine Frau", sagt Rösner zum Verkäufer.
„Soll wohl eine Überraschung sein?"
„Das will ich meinen", nickt Rösner. „Sie wünscht sich nämlich einen Sportwagen."

Sagt der verkaterte Ehemann am Morgen: „Entschuldige, Schatz, daß ich in der Nacht mit einem Mordsrausch und einem blauen Auge nach Hause gekommen bin."
Beruhigt ihn seine Frau: „Um ehrlich zu sein – das blaue Auge hast du noch nicht gehabt."

War es schwer, ein Schlagerstar zu werden?" fragt der Reporter die berühmte Sängerin.
„Und ob", sagt sie. „Ich habe am Anfang nur Lieder von Brahms und Schubert gesungen."

Richter: „Als Sie sahen, wie die beiden Männer mit Maßkrügen aufeinander eindroschen, haben Sie nicht versucht, den Streit zu schlichten?"
Zeuge: „Doch, aber es war kein Maßkrug mehr frei."

Die Gräfin zu ihrem Gast: „Wir können unser Geschlecht bis zu Kaiser Barbarossa zurückverfolgen. Und wie alt ist Ihre Familie?"
„Das wissen wir nicht. Die Unterlagen sind bei der Sintflut verlorengegangen."

Mach mich zum glücklichsten Mann der Welt", bettelte er. Schließlich willigte sie ein und ließ sich scheiden.

Norbert fährt im Lift. Eine splitternackte Frau steigt ein.
„Was starren Sie mich so an?" fragt sie ihn.
„Es ist nur", stottert er, „weil meine Frau dasselbe Kleid hat."

Ich kündige", sagt der Buchhalter zum Chef, „Sie schenken mir kein Vertrauen."
„Aber ich lasse doch sogar den Tresorschlüssel offen herumliegen."
„Das schon. Aber er paßt nicht."

Der junge Adelssproß hat es zum Violinvirtuosen gebracht. Er wendet sich an den Butler.
„Würden Sie meine neue Stradivari vorsichtig ins Feuer legen, mir ist kalt."

Sie: „Du hast ja immer bloß deinen blöden Fußball im Kopf. Wetten, daß du nicht mal mehr unseren Hochzeitstag weißt?"
„Doch! Damals haben wir gegen Schalke null zu drei verloren."

Du ißt entschieden zuviel", sagt der Autohändler zu seinem Sprößling.
„Hast du eine Ahnung, Papi. Ich bin innen viel größer, als ich von außen aussehe."

FIPS ASMUSSEN

Bisher sind von Fips Asmussen erschienen:

Witze am laufenden Band (1)	490 085
Witze am laufenden Band (2)	490 086
Eine Mütze voller Witze	490 087
Au Weia	490 088
Aber Hallo...	490 089
Das halt' ich im Kopf nicht aus	490 090
Balla Balla	490 091
Schlag auf Schlag	490 093
Kennen Sie den ?	490 094
Er nun wieder !	490 095
Auch das noch !	490 097
...aus dem Leben gegriffen !	490 098
Spaß muß sein	495 778
Humor ohne Grenzen	490 410
Jetzt geht's rund	490 602
Da bleibt kein Auge trocken	491 139
Gnadenlos witzig	74321 23618 4
Nur vom Feinsten	74321 23617 4
Gnadenlos witzig CD	74321 23618 2
Nur vom Feinsten CD	74321 23617 2

Kontaktadresse: Fips Asmussen, 23881 Niendorf a.d. Stecknitz

BMG Ariola Miller GmbH, 25451 Quickborn bei Hamburg A Bertelsmann Music Group Company